商务馆世界少儿汉语系列教材

世界汉语教学学会　审订

世界少儿汉语

World Young Learners' Chinese

第 5 册

李润新　主编

创于1897

商务印书馆

The Commercial Press

2009年·北京

图书在版编目（CIP）数据

世界少儿汉语. 第5册/李润新主编.-北京：商务印书馆，2009

ISBN　978-7-100-05868-1

I. 世… II. 李… III. 汉语-对外汉语教学-教材
IV. H195.4

中国版本图书馆CIP数据核字（2008）第075035号

SHÌJIÈ SHÀO'ÉR HÀNYǓ

世 界 少 儿 汉 语

李润新 主编

第 5 册

商 务 印 书 馆 出 版
（北京王府井大街36号　邮政编码100710）
商 务 印 书 馆 发 行
北京中科印刷有限公司印刷
ISBN 978 - 7 - 100 - 05868 - 1

2009 年 4 月第 1 版　　　　　开本 880×1230 1/16
2009 年 4 月北京第 1 次印刷　　印张 8
定价：37.00 元

Lǐ Àihuá
李爱华
nánháir，huáyì
男孩儿，华裔
a boy of Chinese origin

Bái Lìli
白丽丽
nǚháir，huáyì
女孩儿，华裔
a girl of Chinese origin

Ālǐ
阿里
nánháir，Fēizhōu xuésheng
男孩儿，非洲 学生
an African schoolboy

Mǎlì

玛丽

nǚháir , Ōuzhōu xuésheng

女孩儿， 欧洲 学生

an European schoolgirl

这四个小学生是我们课本的主人公。

他们是同学，也是好朋友。

他们也会成为你们学好汉语的好伙伴！

As classmates and good friends, the four pupils are the main characters of this series, and will also become your companions in your Chinese study!

序

　　一种语言的国际地位，跟使用这种语言的国家的实力密切相关。随着经济、科技、外贸等的高速发展，中国的国际地位在迅速提高，在国际事务中的作用也越来越大。这就促使某些国家早已兴起的汉语热继续升温，在中小学开设汉语课的学校也越来越多。作为一名汉语教学工作者，我对此兴奋不已。

　　中国人学外语要从娃娃抓起，外国人学汉语也应当如此。道理很明显，跟成年人相比，少儿学习外语有天然的优势，尤其是有更强的模仿能力，更容易学到纯正的语音。令人遗憾的是，迄今为止，我国专供外国少儿学习的汉语教材还出版得很少。李润新教授主编《世界少儿汉语》系列教材，是适应时代需要和外语学习趋势的一件大事，我相信凡是关心汉语推广的人都会大力支持。

　　我仔细拜读了《〈世界少儿汉语〉系列教材编写大纲》和部分样课，深感这部教材特色鲜明，针对性和实用性很强，编教指导思想和教材编写原则也十分明确，不但反映了我国对外汉语教学的丰富经验，而且还吸收了一些最新研究成果，在"字本位"的编教路子上，有所开拓，有所创新，较充分地体现了汉语、汉字的特点。这主要是因为主编和编委都是学有专长和教学经验丰富的教授和老师。我们有理由相信，《世界少儿汉语》将是一部出色的教材，一定会受到学习者和教师的欢迎。

　　李润新教授命我为教材写序，我除了深感荣幸之外，还要以一名汉语教学工作者的名义，向为发展我国对外汉语教学事业而甘心奉献的主编和全体编委，向对出版这部教材充满热忱的商务印书馆，表示深深的敬意，并预祝《世界少儿汉语》获得成功。

吕必松

2006年3月于北京

编 写 说 明

一、《世界少儿汉语》是一套供外籍少儿教学的系列综合教材，是根据中国国家汉办《汉语水平考试（少儿）》等文件，针对小学汉语教学的实际情况而编写的。适合所有华裔和非华裔的少儿汉语教学使用。

二、教学编写贯彻四个原则：

1. 以培养言语交际能力为目的，以听、说、读、写的言语技能训练为手段。

2. 贯彻"以学生为中心，以教师为主导"的原则，启发和引导学生积极参与教学的全部活动。

3. 始终注重汉字和汉语的特点，走"以字为本位"的编教之路，既注意继承并发扬传统的和现代的汉语教学经验，也吸收其他语种的先进的教学经验。

4. 贯彻"以人为本"、"以爱育人"的原则。

三、本教材的教学目标：

培养学生具备汉语普通话听、说、读、写的基本言语技能和初步言语交际能力，了解中华文化的基本常识，为进一步学习中国语言文化打下良好的基础。

四、本教材在体例上的五个特点：

1. 语音教学采用中国大陆小学及幼儿园的语音教学系统，采取三拼法与整体认读。侧重语音操练，针对外籍小学生发音的特点，从实际言语材料的语流入手，然后分解声母、韵母、声调，进行音素教学和拼音、正音、辨音、辨调等各种技能训练，使音素教学与汉字、词汇、短语、句子教学相结合，做到把学习语音和学习说话结合起来。

2. 本教材摆脱了多年按印欧语系拼音文字"以词为本位"来编写汉语教材的旧路子，开拓了符合汉语自身特点和规律的"以字为本位"的编教新路子。遵循汉字结构规律和中小学生的认知规律，从笔画笔顺入手，按照笔画、部件、独体字、合体字的顺序，由易到难、由简单到复杂地有序排列，识字写字都"以部件为纲"，充分体现汉字形、音、义结合的特点。通过"字—词—句"做到"字不离词、词不离句",把汉字教学、词汇教学和汉语教学结合起来。通过"说一说"、"读一读"做到口语表达能力和书面语表达能力同步提高。

3.本教材在小学阶段不讲语法,在大量言语现象感性认知的基础上,启发学生感悟基本语法知识。要求教师精讲多练,三分之二的时间让学生操练,尽量多用形象直观的教学手段,"寓教于乐"、"寓教于动",多用公式、图表、图片、动作演示等方法让学生理解。

4.本教材设"儿歌乐园",每课有一至三个儿歌或谜语,大多是自编的,作为每课的辅助读物,以增加教材的趣味性和知识性。

5.本教材每课配有一幅主题画,生词基本上是一词一图,"说一说"、"读一读"也均配有一两幅插图,做到图文并茂,文中有画,画中有文,增加词语的形象性和语境的真实性,有助于学生的理解和运用。

五、本教材有主教材12册,《活动手册》12册,并配有《教师手册》。每册10课,分2个单元,每单元5课,包括一个复习课。

六、本教材面向现代化,将配以录音、录像、光盘、教具、学具等,是一套多媒体的立体教材。

由于编写时间紧促,难免有疏漏之处,祈盼专家、学者及广大教师、学生家长不吝赐教,以期使之日臻完善。

编　　者

2006年8月

目录

1 动物园

The zoo

写一写

好重!

努 （7画）　　奴＋力→努

nǔ　　　　make efforts

努	女	奴	努
努	努	努	

努力　　nǔlì　　　　make efforts

动脑又动手!

动 （6画）　　云＋力→动

dòng　　　move

动	云	动
动	动	动

动物　　dòngwù　　animal
动手　　dòngshǒu　start work;
　　　　　　　　　get to work
活动　　huódòng　exercise; activity

牛 (牛) (4画)

niúzì bù　　　a radical named *niú*

niú　　　ox

牛	丿	仁	仨	牛
牛	牛	牛			

水牛　　**shuǐniú**　　　buffalo

物 (8画)　　牛＋勿→物

wù　　　thing

物	牛	牜	牝	物	物
物	物	物			

动物园　　**dòngwùyuán**　　　zoo

完 (7画)　　宀＋元→完

wán　　　finish

完	宀	完
完	完	完

看完　　**kànwán**

finish reading or watching

狮 （9画）　犭+师→狮

shī　　　　　　lion

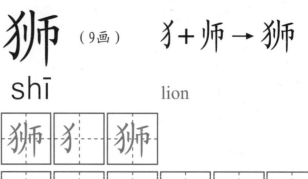

狮子　　shīzi　　　　lion

猴 （12画）　犭+侯→猴

hóu　　　　　　monkey

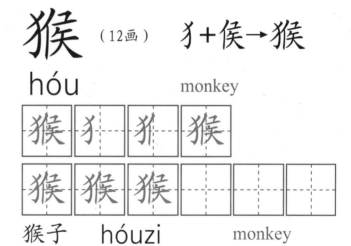

猴子　　hóuzi　　　　monkey

鼻 （14画）　自+田+丌→鼻

bí　　　　　　nose

鼻子　　bízi　　　　nose

瘦

shòu (14画)   thin

疒 + 叟 → 瘦

瘦猴儿 shòuhóur   thin monkey; also refers to somebody who is thin

颈

jǐng (11画)   neck

圣 + 页 → 颈

长颈鹿   chángjǐnglù   giraffe

鹿

lù (11画)   deer

广 + 屮 + 比 → 鹿

小鹿   xiǎolù   fawn

兔 （8画）　　ノ＋兔→兔

tù　　　　　　　　rabbit; hare

兔	ノ	兔	兔	兔	兔
兔	兔	兔			

小白兔 xiǎo báitù

little white rabbit

兔子　　tùzi　　　　rabbit
野兔　　yětù　　　　hare

尖 （6画）　　小＋大→尖

jiān　　　　　　point; pointed

尖	小	尖			
尖	尖	尖			

笔尖　　bǐjiān　　　　penpoint
尖子　　jiānzi　　　　the cream;
　　　　　　　　　　the best of the kind

熊 （14画）　能＋灬丶→熊

xióng　　　　bear

熊	熊	熊			
熊	熊	熊			

熊猫　　xióngmāo　　panda
狗熊　　gǒuxióng　　black bear

虍 （6画）

hǔzì bù　　　　a radical named hǔ

虍	丨	卜	卢	卢	虍
虍					
虍	虍	虍			

虎 （8画）　虍＋几→虎

hǔ　　　　tiger

虎	虎	虎		
虎	虎	虎		

老虎　　lǎohǔ　　　　tiger

字→词→句

努
努力
努力学习
我们努力学习汉语。

动
动物
动物园里
动物园里有很多动物。

熊
熊猫
喜欢熊猫
人们喜欢熊猫。

瘦
不瘦
不胖不瘦
长颈鹿的身体不胖不瘦。

读一读

动物园，真好玩（*interesting*），
各种动物看不完：

胖大象，鼻子长，
大得好像一面墙。
瘦猴子，跳得欢，
跳得好像能上天。
长颈鹿，颈真长，
树尖叶子能吃上。
小花鹿，真可爱，
身穿花衣跑得快。
小白兔，耳朵尖，
草地上面跑得欢。
大熊猫，身子圆，
会拍皮球很好玩。
大狮子，叫声大，
各种动物都怕它。
大老虎，更可怕，
动物大王就是它。

说一说

丽丽：阿里，你去过动物园吗？

阿里：我去过两次了。你呢？

丽丽：昨天，我和爸爸、妈妈一起去了。这是我第一次去，太有意思啦！下星期天，我还要再去看一次。

阿里：你看见什么动物了？

丽丽：可多啦！有大象、长颈鹿、熊猫、小白兔、小花鹿、猴子、狮子、老虎……看一天也看不完。

阿里：你喜欢什么动物？

丽丽：我很喜欢熊猫，它是中国的国宝。它能在树上玩儿，还会玩皮球。它睡觉的样子也很可爱。你喜欢什么动物？

阿里：我也喜欢熊猫，可是我更喜欢大象。在我们国家有很多大象，它们能帮助人们干很多工作。

丽丽：啊！我第一次听说大象也能工作！

我喜欢熊猫。

我也喜欢熊猫。

儿歌乐园

Xiǎo xióngmāo, zhēn wánpí.

小　　熊猫，　真　顽皮。

Little pandas are really naughty.

Huì pá qiáng, néng zhànlì.

会　爬　墙，　能　站立。

They can climb walls and stand.

Dài mòjìng, chuān báiyī.

戴　墨镜，穿　白衣。

They wear sunglasses and white coats.

Wánr píqiú, hǎo huānxǐ.

玩　皮球，好　欢喜。

They play with leather balls happily.

谜语

Tuǐ xiàng sì gēn zhùzi,
腿　像四根柱子，
Its legs are like four pillars,

shēn xiàng yī gè guìzi,
身　像一个柜子，
body is like a cabinet,

ěr xiàng liǎng bǎ shànzi,
耳像　两把扇子，
ears are like two fans,

bí xiàng yī gēn guǎnzi.
鼻像一根管子。
and nose is like a pipe.

（打一动物）

2 学电脑

Study computers

写一写

从 （4画）　 𠆢＋人→从

cóng　　　　　from

从	𠆢	从
从	从	从

从前　cóngqián　once upon a time
从来　cónglái　always; all along
从……到……　cóng...dào...
　　　　　　　　from … to …

脑 （10画）　 月＋囟→脑

nǎo　　　　　brain

脑	月	𦜝	𦜝	𦜝	脑
脑	脑	脑			

电脑　diànnǎo　computer
大脑　dànǎo　cerebrum

趣 （15画）　走＋取→趣

qù

interest

| 趣 | 走 | 趄 | 趣 |
| 趣 | 趣 | 趣 | | | |

兴趣　xìngqù　interest
有趣　yǒuqù　interesting

始 （8画）　女＋台→始

shǐ

begin

| 始 | 女 | 如 | 始 |
| 始 | 始 | 始 | | | |

开始　kāishǐ　begin

先 （6画）　生＋儿→先

xiān

first

| 先 | ノ | ⺧ | 牛 | 生 | 先 |
| 先 | 先 | 先 | | | |

先生　xiānsheng　sir; Mr.
先说　xiān shuō　speak first

跟 （13画） 足＋艮→跟

gēn　　follow; with

| 跟 | 𧿹 | 跟 |
| 跟 | 跟 | 跟 |

跟着　　gēnzhe　　follow
我跟你　wǒ gēn nǐ　you and me

勤 （13画） 堇＋力→勤

qín　　diligent

勤	一	十	艹	艹	苔
苔	莒	茧	堇	勤
勤	勤	勤

勤快　qínkuai
hard-working and fond of physical labor

大 （3画）

dàzì·bù　　a radical named dà

| 大 | 一 | 大 | 大 |
| 大 | 大 | 大 |

奋 （8画）　大 + 田 → 奋

fèn　　　diligent

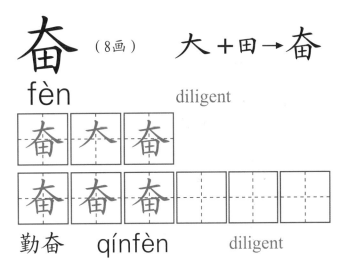

勤奋　qínfèn　　diligent

冂 （2画）

tóngzìkuàng bù

a radical named *tóngzìkuàng*

网 （6画）　冂 + 乂 → 网

wǎng　　　net

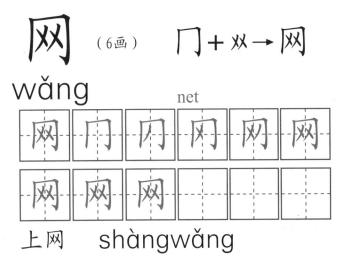

上网　shàngwǎng

surf the internet

发 （5画）

fā   send out

fà   hair

发	乚	乡	发	发
发	发	发			

出发   chūfā   set out

洗发   xǐfà   to shampoo; washing the hair

邮 （7画）   由 + 阝 → 邮

yóu   mail

邮	由	邮
邮	邮	邮			

邮票   yóupiào   stamp

件 （6画）   亻 + 牛 → 件

jiàn   a quantifier

件	亻	件
件	件	件			

邮件   yóujiàn   mail

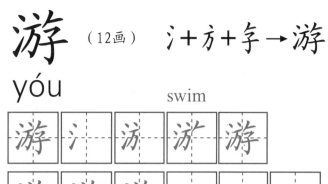

游 （12画） 氵+方+斿→游

yóu   swim

游	氵	汸	汸	游
游	游	游		

游玩   yóuwán   stroll about

戏 （6画） 又+戈→戏

xì   drama

戏	又	戏		
戏	戏	戏		

游戏   yóuxì   game

夸 （6画） 大+亏→夸

kuā   praise; exaggerate

夸	大	本	夸	
夸	夸	夸		

夸大   kuādà   exaggerate

字 → 词 → 句

脑
电脑
学电脑
丽丽勤奋地学习电脑。

始
开始
开始学电脑
爱华开始跟爸爸学电脑。

网
上网
学会上网
她学会了上网。

邮
邮件
发电子邮件
他给朋友发电子邮件。

读一读

丽丽从小就对电脑很感兴趣。开始，爸爸、妈妈用电脑时，她就在旁边看，后来，她就跟爸爸、妈妈学习电脑。

丽丽学电脑跟学汉语一样，很努力，很勤奋。很快她就学会了中文打字（*Chinese-typewriting*）、上网、发电子邮件、玩电子游戏等。爷爷夸她是"小电脑专家（*a little computer expert*）"。

说一说

爷爷：丽丽，你教爷爷学电脑，好吗？

丽丽：爷爷，您都七十多岁了，学电脑太晚了吧？您上小学时，怎么没学电脑啊？

爷爷：爷爷上小学时，还没有电脑呢！

丽丽：啊，是这样！那好吧，我教您学电脑。

爷爷：你怎么教呢？

丽丽：我怎么做，您就怎么做。我手把手（*in person*）地教您。爸爸、妈妈就是这么教我的。

爷爷：我要努力向"小电脑专家"学习！

儿歌乐园

一

Diànnǎo dǎzì,
电脑　打字,
Typewriting with computers

yào kuài yào hǎo.
要　快　要　好。
should be fast and correct.

Jīngcháng liànxí,
经常　　　练习,
We need more exercises

shú néng shēng qiǎo.
熟　能　生　巧。
since practice makes perfect.

二

Cóngxiǎo xué diànnǎo,
从小　学　电脑,
Computers, which we study from childhood,

diànnǎo zhēn qímiào.
电脑　真　奇妙。
are really wonderful.

Zhīshi duō yòu duō,
知识　多又多,
They have plenty of knowledge

yóuxì miào yòu miào.
游戏　妙又妙。
and great games.

Chángcháng kāi diànnǎo,
常常　开　电脑,
If we often use computers,

shìjiè dōu zhīdào.
世界　都　知道。
we will know what happens in the world.

3 静夜思

Homesick in the quiet night

写一写

十

十 （2画）

shízì bù　　　a radical named *shí*

十	一	十
十	十	十

古 （5画）　　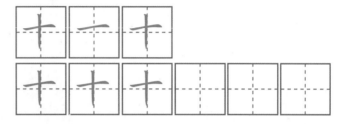

gǔ　　　ancient

古	十	古
古	古	古

古诗　　**gǔshī**　　ancient poetry
古代　　**gǔdài**　　ancient times

诗 （8画）　　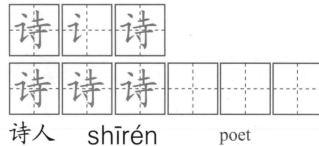

shī　　　poem

诗	讠	诗
诗	诗	诗

诗人　　**shīrén**　　poet

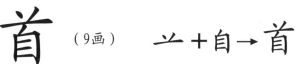

首 （9画）　丷 + 自 → 首

shǒu　　　　　　a quantifier

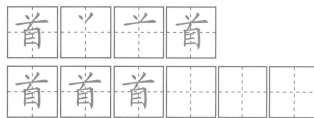

一首诗　yī shǒu shī　a poem
首先　　shǒuxiān　　first of all
首相　　shǒuxiàng　　prime minister

安 （6画）　宀 + 女 → 安

ān　　　　quiet

安静　ānjìng　　quiet
安全　ānquán　　safe; secure
平安　píng'ān　　safe and sound

静 （14画） 青＋争→静

jìng　　　　　　quiet

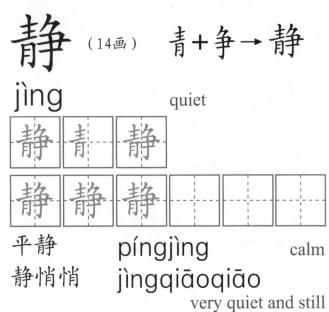

平静　　píngjìng　　calm
静悄悄　jìngqiāoqiāo
　　　　very quiet and still

背 （9画） 北＋月→背

bēi　　　　　carry on the back
bèi　　　　　recite; back

背包　　bēibāo
　　　　knapsack; rucksack
背书包　bēi shūbāo
　　　carry a schoolbag on the back
背古诗　bèi gǔshī
　　　recite ancient poetry

夜 （8画）　一+亻+夂→夜

yè　　　　　　　night

夜	一	亠	产	夜	夜
夜					
夜	夜	夜			

夜间　　yèjiān　　　　nighttime

光 （6画）　⺌+兀→光

guāng　　　　light

光	半	光			
光	光	光			

光明　　guāngmíng

　　　　　light; brightness

匕 （2画）

bǐzì bù　　　a radical named *bǐ*

匕	丿	匕			
匕	匕	匕			

疑 (14画) ヒ＋矢＋疋→疑
yí　doubt

疑问　yíwèn　doubt

霜 (17画) 雨＋相→霜
shuāng　frost

白霜　báishuāng　hoarfrost

举 (9画) 兴＋十→举
jǔ　raise

举手　jǔshǒu　raise one's hand

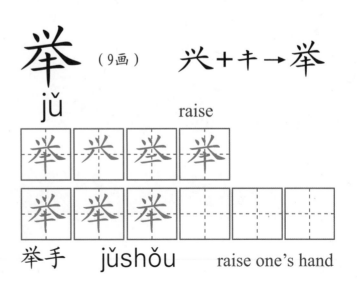

低 （7画） 亻+氐→低

dī　　low

低	亻	仁	仾	伍	低
低					
低	低	低			

低头　dītóu　lower one's head
低声　dīshēng　in a low voice

满 （13画） 氵+艹+两→满

mǎn　　full

满	氵	汁	满	
满	满	满		

满地　mǎndì　all over the ground
满意　mǎnyì　be satisfied
自满　zìmǎn　self-satisfied; smug

抬 （8画）　扌+台→抬

tái　　　　　　uplift

抬	扌	抬			
抬	抬	抬			

抬头　　tóitóu　　raise one's head
抬高　　táigāo　　raise; enhance
抬举　　táiju
praise or promote one's subordinate

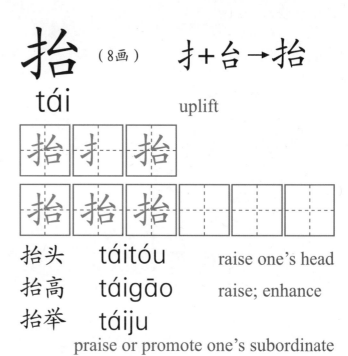

洒 （9画）　氵+西→洒

sǎ　　　　　　spill; sprinkle

洒	氵	洒			
洒	洒	洒			

洒水　　sǎshuǐ　　sprinkling
洒泪　　sǎlèi　　shed tears

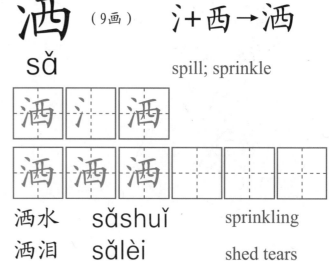

字→词→句

诗
古诗
背古诗
我会背很多古诗。

静
安静
夜间很安静
夜间楼里很安静。

疑
疑问
有疑问
我有疑问就举手。

满
洒满
洒满了月光
床前洒满了月光。

读一读

静夜思

【唐】李白

床前明月光，
疑是地上霜。
举头望明月，
低头思故乡。

说一说

丽丽：阿里，我们学过的古诗《静夜思》
　　　你会背了吗？

阿里：早会背了。

丽丽：真的？你背给我听听。

阿里：床前明月光，疑是地上霜。
　　　举头望明月，低头思故乡。

丽丽：好！你背得真好！

阿里：我喜欢背古诗。背古诗能帮助我们
　　　学好汉语。

丽丽：是的。我也很喜欢背古诗。我爷爷
　　　告诉我，背古诗还可以学到中国文
　　　化呢。中国人都喜欢看圆圆的明
　　　月。我爷爷说，他一想家，就像李
　　　白那样，抬头望着圆圆的明月。

床前明月光……

儿歌乐园

Yuè'ér yuányuán zhào wǔzhōu,
月儿　圆圆　照　五洲,
The full moon is shining to light the whole world.

jǐ jiā huānlè jǐ jiā chóu.
几家　欢乐几家　愁。
Some families are happy while some are worried.

Huānhuānlèlè shì tuányuán,
欢欢乐乐　是　团圆,
The reason for being happy is family reunion

jiǎn bù duàn de shì líchóu.
剪不　断　的是离愁。
and for being worried is departing.

4 学画梅花

Learn to draw plum blossom

写一写

梅 （11画）　木＋每→梅
méi　　　　　plum blossom

梅	木	梅			
梅	梅	梅			

梅花　　méihuā　　plum blossom
梅花鹿　méihuālù　　spotted deer
黄梅戏　huángméixì

Huangmei opera, popular
in central Anhui Province

雪 （11画）　雨＋彐→雪
xuě　　　　snow

雪	雨	雪	雪	雪
雪	雪	雪		

雪花儿　xuěhuār　　snowflake
雪白　　xuěbái　　snow white
雪亮　　xuěliàng　　bright as snow

气 （4画）

qìzì bù　　a radical named qì
qì　　　　gas

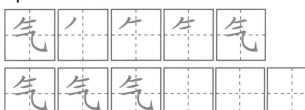

天气　tiānqì　　weather
生气　shēngqì　　angry

冷 （7画）　氵+令→冷

lěng　　cold

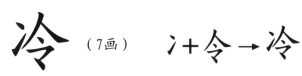

冷水　lěngshuǐ　cold water

指 （9画）　扌+旨→指

zhǐ　　finger; point

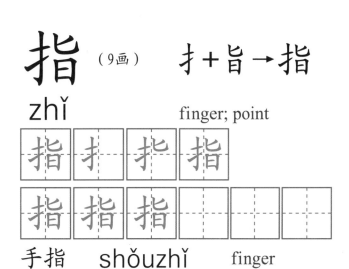

手指　shǒuzhǐ　finger

香 （9画）　禾＋日→香

xiāng　　　　fragrant

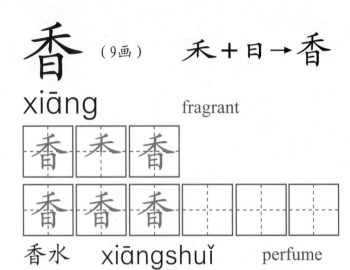

香	禾	香			
香	香	香			

香水　　xiāngshuǐ　　perfume
香烟　　xiāngyān　　cigarette
香味　　xiāngwèi　　fragrance; scent

凋 （10画）　冫＋周→凋

diāo　　　　wither

凋	冫	冸	汋	凋	凋
凋	凋	凋			

凋谢　　diāoxiè　　wither
凋落　　diāoluò　　wither and fall

坚 （7画）　収 ＋ 土 → 坚

jiān　　　　hard; solid

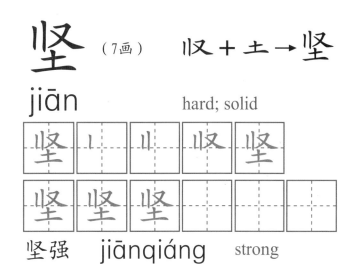

坚	丨	丨丨	収	坚
坚	坚	坚			

坚强　　jiānqiáng　　strong

坚持　　jiānchí　　persist in; stick to; adhere to

坚硬　　jiānyìng　　hand; solid

强 （12画）　弓 ＋ 虽 → 强

qiáng　　　　strong

强	弓	弨	弼	弹	强
强					
强	强	强			

强大　　qiángdà　　powerful

强壮　　qiángzhuàng　　strong

温 （12画）　氵+显→温

wēn　　　warm

温　氵　沪　温
温　温　温

温室　wēnshì　greenhouse
气温　qìwēn　air temperature

娇 （9画）　女+乔→娇

jiāo　　　coddle

娇　女　妖　娇　娇
娇　娇　娇

娇气　jiāoqi　spoiled

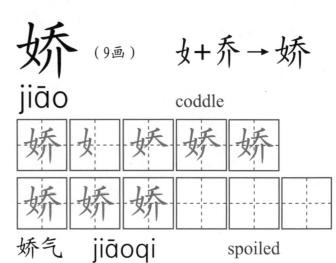

住 （7画）　亻+主→住

zhù　　　live

住　亻　住
住　住　住

记住　jìzhù　memorize
住哪儿　zhù nǎr
where (does someone) live

字→词→句

梅
梅花
梅花开了
梅花在风雪中开了。

冷
冷水
洗冷水澡
他喜欢洗冷水澡。

坚
坚强
坚强的人
我们要做坚强的人。

温
温室
温室里的花草
温室里的花草很娇气。

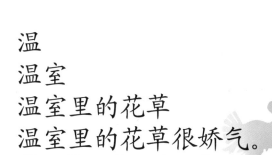

读一读

大雪天，天气很冷。

教室里，老师在教同学们画梅花。他指着讲桌（*teacher's desk*）上的一盆红梅花说："你们看，这盆红梅花，开得多美、多香。可是，别的花儿都凋谢了，只有它还在风雪中开放。你们学画梅花，就要像梅花这样坚强，不要像温室里的花朵那样娇气。"

同学们听了老师的话，都认真地学画梅花。

说一说

爷爷：丽丽，你画什么花儿呢？

丽丽：我画红梅花呢。

爷爷：你画的梅花很好看，像真的一样。你怎么这么喜欢画梅花啊？

丽丽：老师说，梅花不怕霜雪，很坚强。他说我们要像梅花那样坚强，不要像温室里的花朵那样娇气。我画梅花，就是学它的坚强。

爷爷：说得好，我们丽丽真棒！

儿歌乐园

Méihuā měi,
梅花 美,
Plum blossom is beautiful

méihuā xiāng.
梅花 香。
and fragrant.

Dòu hánfēng,
斗 寒风,
It is unfearing of chill wind,

ào xuě shuāng.
傲 雪 霜。
frost and snow.

Xué méihuā,
学 梅花,
We should learn from plum blossom

yǒng jiānqiáng.
永 坚强。
to be strong forever.

Revision Recitation contest

朗诵大赛

写一写

朗 （10画）　良 + 月 → 朗

lǎng　　　　　bright

朗读　lǎngdú　　read aloud;
read loudly and clearly

诵 （9画）　讠 + 甬 → 诵

sòng　　　　recite

朗诵　lǎngsòng　recitation

行 （6画）　彳＋亍→行

háng　line, row; profession; business firm

xíng　ok; do, act; walk

一行树　yī háng shù　a row of trees
举行　　jǔxíng　　　hold

篇 （15画）　⺮＋扁→篇

piān　a quantifier

一篇作文　yī piān zuòwén
a composition

最 （12画）　曰＋取→最

zuì　the most

最好　zuìhǎo　best; had better

第 （11画） 竹＋弟→第

dì　　used before integers to indicate order

第一　dìyī　　first; number one

一 （2画）

píngbǎogài bù

a radical named *píngbǎogài*

冠 （9画） 冖＋元＋寸→冠

guàn　　champion

guān　　cap; hat

冠军　guànjūn　champion

王冠　wángguān　crown

军 （6画） 宀 + 车 → 军

jūn　　army

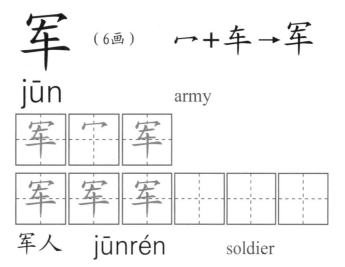

军人　jūnrén　soldier

亚 （6画） 一 + 业 → 亚

yà　　second

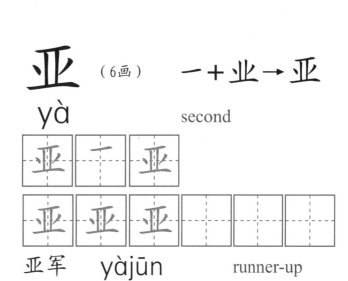

亚军　yàjūn　runner-up

季 （8画） 禾 + 子 → 季

jì　　third; season

季军　jìjūn

the third prize; bronze medalist

纪 （6画）　纟＋己 → 纪

jì　　　age

纪念　　jìniàn　　commemorate

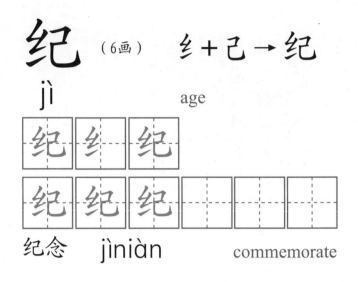

奖 （9画）　丬＋夕＋大 → 奖

jiǎng　　award; prize

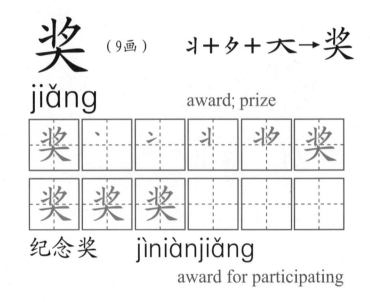

纪念奖　　jìniànjiǎng
award for participating

贺 （9画）　加＋贝 → 贺

hè　　congratulate

祝贺　　zhùhè　　congratulate

字→词→句

朗
朗诵
朗诵比赛
他们班举行朗诵比赛。

纪
纪念
国庆纪念日
十月一日是中国的国庆纪念日。

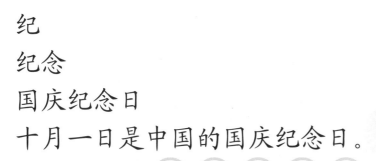

最
最爱
最爱的动物
熊猫是我们最爱的动物。

贺
祝贺
祝贺她
同学们祝贺她得了冠军。

读一读

丽丽班举行了一次汉语朗诵比赛。丽丽朗诵了课文《下小雨啦》，阿里朗诵了古诗《静夜思》，爱华朗诵了课文《动物园》，玛丽朗诵了课文《放风筝》，别的同学也都各自（*each*）朗诵了一篇课文。

最后，丽丽得了第一名，是冠军；阿里得了第二名，是亚军；爱华和玛丽得了第三名，是季军；还有几个同学得了纪念奖。

老师说："我祝贺得奖的同学。今天的朗诵比赛是第一次，今后我们还要举行这样的比赛，好不好？"同学们一起说："好！"

说一说

丽丽：爷爷，我们班今天举行了朗诵比赛。

爷爷：朗诵比赛好啊！你得了第几名？

丽丽：我朗诵了课文《下小雨啦》，得了第一名，是冠军。

爷爷：太好啦！爷爷祝贺你啊！你奶奶、爸爸、妈妈听了也会很高兴的。

丽丽：我感到学汉语要多多朗诵。这次朗诵的课文，我都背下来了。

爷爷：是的。爷爷听你朗诵，就好像听你唱歌一样，很好听。

儿歌乐园

Duō lǎngsòng, duō bèisòng,
多　朗诵，　多　背诵，
More recitation

Hànyǔ shuǐpíng zhíxiàn shēng.
汉语　水平　直线　升。
will improve our Chinese greatly.

Duō lǎngsòng, duō bèisòng,
多　朗诵，　多　背诵，
More recitation

shuōhuà liúlì yǒu shuǐpíng.
说话　流利 有　水平。
will make us speak fluently.

Duō lǎngsòng, duō bèisòng,
多　朗诵，　多　背诵，
More recitation

bǎo nǐ néng chéng Hànyǔtōng.
保 你 能　成　汉语通。
will ensure us to be experts in Chinese.

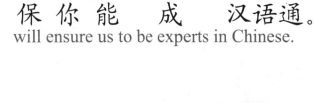

6 小鹰学飞

The eaglet learns to fly

写一写

鹰 （18画） 广＋亻＋隹＋鸟 → 鹰

yīng   eagle

鹰	广	厂	庐	庐	庐
庐	庐	雁	雁	鹰	
鹰	鹰	鹰			

小鹰   xiǎoyīng   eaglet

摇 （13画） 扌＋䍃 → 摇

yáo   shake

摇	扌	护	护	挓	挓
搖					
摇	摇	摇			

摇头   yáotóu   shake one's head

算 （14画）

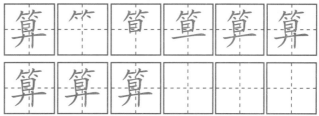

竹＋目＋廾→算

suàn   count

算	竹	筲	筲	算	算
算	算	算			

心算　xīnsuàn　count in one's head
算上　suànshang　count...in

刻 （8画）

亥＋刂→刻

kè   quarter

刻	亥	刻
刻	刻	刻

立刻　lìkè　　at once
一刻　yīkè　　a little while;
　　　　　　　in a moment

苦 （8画）

廾＋古→苦

kǔ   bitter

苦	廾	苦
苦	苦	苦

刻苦　kèkǔ　　hardworking

仍 （4画） 亻+乃→仍

réng　　　still

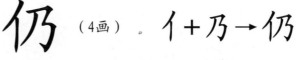

仍	亻	仍			
仍	仍	仍			

仍然　　réngrán　　still

然 （12画） 夕+犬+灬→然

rán　　　true; right

然	丿	夕	夕	夕	狄
然	然				
然	然	然			

自然　　zìrán　　nature; native

虽 （9画） 口+虫→虽

suī　　　although

虽	口	虽			
虽	虽	虽			

虽然　　suīrán　　although

爸爸！

继 （10画） 纟+迷 → 继

jì continue

继 纟 纟米 继
继 继 继

继父　jìfù　step-father

续 （11画） 纟+卖 → 续

xù continue

续 纟 续
续 续 续

继续　jìxù　continue

累 （11画） 田+糸 → 累

lèi tired

累 甲 甼 畀 畢 累
累 累 累

不怕累 bù pà lèi
not afraid of being tired

终 （8画）

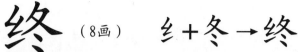
纟＋冬→终

zhōng   end

终	纟	终	终	终
终	终	终		

终于   zhōngyú   finally
终了   zhōngliǎo   cease

于 （3画）

yú   at

于	二	于		
于	于	于		

大于   dàyú   be bigger than
于是   yúshì   so; then

才 （3画）

cái   just

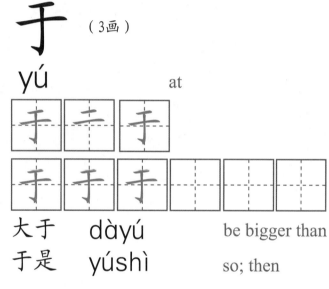

才	一	才		
才	才	才		

才来   cái lái   just came
才能   cáinéng   talent

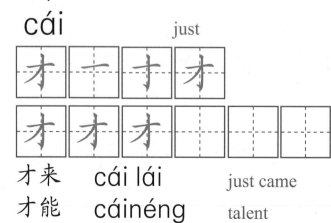

字 ▸ 词 ▸ 句

摇

摇摇头

妈妈摇摇头

妈妈摇摇头说："不算会飞。"

刻

刻苦

刻苦学习

他们都刻苦学习汉语。

继

继续

要继续努力

你要继续努力。

孩

孩子

是一个好孩子

你真是一个好孩子！

读一读

小鹰跟老鹰妈妈学飞。

开始，小鹰飞得比树高了，他说："我会飞啦！"妈妈摇摇头说："这还不算会飞。"

小鹰刻苦地练飞。他飞呀，飞呀，飞得比大楼还高了。小鹰高兴地对妈妈说："我会飞啦！"妈妈仍然摇摇头说："还不能算会飞。"

小鹰继续刻苦地练飞。飞呀，飞呀。虽然他飞得比大山还高了，可是老鹰妈妈仍然摇头。

小鹰更加刻苦地继续练飞，他不怕苦，不怕累，一天比一天飞得高，终于飞上了天空，飞得跟白云一样高了。妈妈这才高兴地说："好孩子，你今天才算会飞啦！"

说一说

小鹰：妈妈，我跟你学飞，好吗？

老鹰：好啊！妈妈教你。可是学飞是很苦很累的事儿，你行吗？

小鹰：行。我不怕苦，不怕累！

老鹰：今天你很努力，你飞得比树高了。

小鹰：我会飞啦！

老鹰：这还不算会飞呢。你还要继续努力。

小鹰：好吧！我要继续努力！等我飞得比楼高了，算会飞了吧？

老鹰：还不能算会飞。

小鹰：我飞得比山高了呢？

老鹰：也不能算会飞。你看，在天空中，那几只鹰飞得跟白云一样高，那才算会飞呢。

小鹰：我要刻苦练习，我会飞得一天比一天高的。我一定能飞得跟白云一样高！

儿歌乐园

Guǎngkuò lántiān,

广阔　　蓝天，

The blue sky

yī wàng wúbiān.

一望　无边。

is vast.

Fēidào tiānshàng,

飞到　　天上，

High in the sky,

zìyóu áoxiáng.

自由　翱翔。

it is flying freely.

7 下大雪啦

It is snowing heavily

写一写

风 （4画）

fēngzì bù　　　a radical named *fēng*

风	丿	几	风	风
风	风	风		

飘 （15画）　　票＋风→飘

piāo　　　　swirl

飘	票	飘		
飘	飘	飘		

飘下　　piāoxià　　swirl down

雪花飘下来了。

棉 （12画）　　木＋帛→棉

mián　　　　cotton

棉	木	棉	棉	
棉	棉	棉		

棉花　　miánhua　　cotton
棉衣　　miányī　　cotton clothing

千 （3画）

qiān　　　　thousand

千里马　　qiānlǐmǎ　　swift horse

天上有千万颗星星！

万 （3画）

wàn　　　　ten thousand

千万　　qiānwàn　　ten million

梨 （11画）　利＋木→梨

lí　　　　pear

梨花　　líhuā　　pear flower

厦 （12画）　厂 + 夏 → 厦

shà　　　mansion

xià　　　used in a certain place name

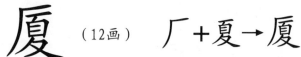

厦	厂	厈	厊	厦	厦
厦	厦	厦			

高楼大厦　gāolóu-dàshà

　　　　　　high buildings

厦门　　　Xiàmén　a city of China

披 （8画）　扌 + 皮 → 披

pī　　　drape over one's shoulders

披	扌	披			
披	披	披			

披上白纱　pīshàng báishā

take on white wedding dress

纱 （7画）　纟 + 少 → 纱

shā　　　yarn

纱	纟	纱	纱		
纱	纱	纱			

纱巾　　　shājīn　　transparent scarf

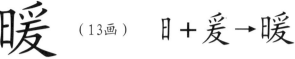

暖

（13画） 日＋爰→暖

nuǎn　　warm

| 暖 | 日 | 日㓞 | 日㓞 | 暖 |
| 暖 | 暖 | 暖 | | |

暖和　nuǎnhuo　warm

哈

（9画） 口＋合→哈

hā　　the sound of laughing

| 哈 | 口 | 哈 |
| 哈 | 哈 | 哈 | | | |

笑哈哈　xiàohāhā　laughing

被

（10画） 衤＋皮→被

被子

bèi　　quilt; by (used in a passive sentence)

| 被 | 衤 | 被 |
| 被 | 被 | 被 | | | |

被打　bèi dǎ　beaten by someone
棉被　miánbèi　cotton-padded quilt

盖 （11画） 羊＋皿→盖

gài — to cover

盖	羊	盖		
盖	盖	盖		

盖被子　　**gài bèizi** — to put a quilt over sb.

盖子　　**gàizi** — a cover

仗 （5画） 亻＋丈→仗

zhàng — battle

仗	亻	仁	伇	仗
仗	仗	仗		

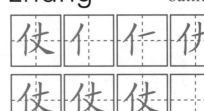

打雪仗　　**dǎ xuězhàng** — have a snowball fight

堆 （11画） 土＋隹→堆

duī — to pile

堆	土	堆		
堆	堆	堆		

堆雪人　　**duī xuěrén** — make a snowman

字 → 词 → 句

梨
梨花
梨花开
千树万树梨花开。

厦
大厦
高楼大厦
这里有很多高楼大厦。

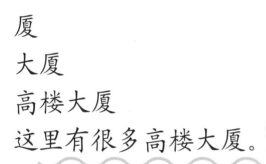

哈
笑哈哈
张口笑哈哈
胖雪人张口笑哈哈。

被
棉被
盖棉被
草地盖上了棉被。

读一读

下大雪啦，下大雪啦！
天空飘下满地的棉花。

下大雪啦，下大雪啦！
千树万树开满了梨花。

下大雪啦，下大雪啦！
高楼大厦披上了白纱。

下大雪啦，下大雪啦！
大胖雪人张口笑哈哈。

下大雪啦，下大雪啦！
草地盖上了厚棉被啦！

下大雪啦，下大雪啦！
打雪仗游戏太有趣啦！

说一说

丽丽：阿里，快来看啊，下大雪啦！

阿里：啊，真美啊！我第一次看见下雪。

丽丽：是吗？你们那儿不下雪吗？

阿里：是的。我们那儿天气很暖和，从来都
　　　不下雪。

丽丽：你看，高楼大厦都披上了白纱，千树
　　　万树都开满了梨花，多美啊！

阿里：可不是。满世界都白净净的。你看操
　　　场上，他们在做什么？

丽丽：有的同学在堆雪人，有的在打雪仗。
　　　快，快，我们俩也跟他们一起玩儿
　　　去吧！

下大雪啦！

啊，真美啊！我第一次看见下雪。

75

儿歌乐园

Bái pàng xuěrén,
白　胖　雪人，
The snowman is white and fat,

xīxīhāhā.
嘻嘻哈哈
with a smiling face.

Yángguāng yī zhào,
阳光　　一　照，
But when the sun comes,

hàn rú yǔ xià.
汗　如　雨　下。
his sweat will roll down like rain drops.

8 互相礼让

Mutual concession

写一写

让 （5画） 讠+上→让

ràng   give way; yield to

| 让 | 讠 | 让 | | | |
| 让 | 让 | 让 | | | |

礼让　　lǐràng
make a concession (to sb.) out of
courtesy or thoughtfulness

让开　　ràngkāi　　make way;
get out of the way

条 （7画） 夂+朩→条

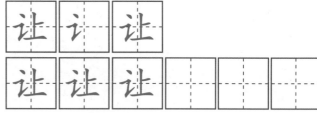

tiáo   a quantifier

| 条 | 夂 | 条 | | | |
| 条 | 条 | 条 | | | |

一条河　　yī tiáo hé　　a river
面条儿　　miàntiáor　　noodles

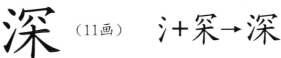

深 （11画） 氵+罙→深

shēn　　deep

深	氵	汈	汈	深
深	深	深		

水很深　　**shuǐ hěn shēn**
The water is very deep.

河 （8画） 氵+可→河

hé　　river

河	氵	河			
河	河	河			

小河　　**xiǎohé**　　brook
黄河　　**Huáng Hé**
the Yellow River

搭 （12画） 扌+荅→搭

dā　　build

搭	扌	扩	搭		
搭	搭	搭			

搭桥　　**dāqiáo**　　build a bridge
搭车　　**dāchē**　　go by bus, car, etc.

桥 （10画）　木+乔→桥

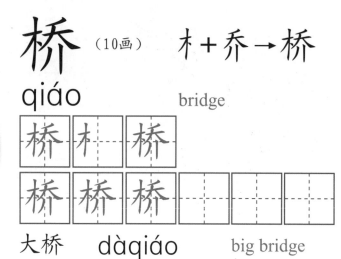

qiáo　　bridge

桥	木	桥
桥	桥	桥

大桥　dàqiáo　big bridge

座 （10画）　广+坐→座

zuò　　a quantifier; seat

座	广	座
座	座	座

一座桥 yī zuò qiáo　a bridge
让座儿 ràngzuòr　offer one's seat

窄 （10画）　穴+乍→窄

zhǎi　　narrow

窄	窄	窄
窄	窄	窄

窄小　zhǎixiǎo　small and narrow

黑 （12画）

hēizì bù   a radical named *hēi*

hēi   black

黑	丶	口	冂	罒
罒	甲	里	罕	黑
黑				
黑	黑	黑		

黑白   hēibái   black and white

争 （6画）   ⺈＋⺻→争

zhēng   strive

争	⺈	勹	刍	刍
争	争	争		

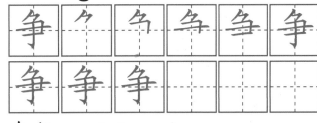

争气   zhēngqì

try to make a good showing

81

顶 （8画） 丁+页→顶

dǐng top; carry on the head

顶	丁	顶			
顶	顶	顶			

顶天立地 **dǐngtiān-lìdì** of titanic stature

扑 （5画） 扌+卜→扑

pū throw oneself on; flap

扑	扌	扑	扑		
扑	扑	扑			

扑通 **pūtōng** pit-a-pat
扑打 **pūdǎ** pat; swat
扑克 **pūkè** playing cards

通 （10画） 甬+辶→通

tōng through

通	甬	通			
通	通	通			

通过 **tōngguò** pass
通知 **tōngzhī** notify; notice
通红 **tōnghóng** red through and through

掉 （11画） 扌+卓→掉

diào　　　　drop

| 掉 | 扌 | 掉 | 掉 |
| 掉 | 掉 | 掉 | | | |

掉下　diàoxià　　drop off

士 （3画）

shìzì bù　　a radical named *shì*

| 士 | 一 | 十 | 士 |
| 士 | 士 | 士 | | | |

声 （7画） 士+尸→声

shēng　　sound

| 声 | 士 | 韦 | 韦 | 声 | 声 |
| 声 | 声 | 声 | | | |

歌声　gēshēng　　singing voice

字 → 词 → 句

让
礼让
互相礼让
我们都要互相礼让。

深
很深
水很深
在水很深的河上搭桥。

黑
黑羊
黑羊和白羊
黑羊和白羊争了起来。

掉
掉到
掉到地上
树上的梨掉到地上。

读一读

　　山下有一条小河，河水很深。河上搭着一座桥。桥面很窄，每次只能通过一个人。人们过桥时，都互相礼让。

　　有一次，一只黑羊从东边上了桥，一只白羊从西边上了桥，它们互不相让，在桥上争了起来，你顶我，我顶你。"扑通"一声，两只羊都掉到了河里。

说一说

黑羊、白羊互不礼让，真不像话！

可不是。它们要是互相礼让……

丽丽：爱华，我觉得黑羊和白羊互不相让，都争着先过桥，真不像话（*What a shame*）！

爱华：可不是。它们要是（*if*）互相礼让，就不会掉到河里了。它们相争，我顶你，你顶我，争来争去（*contend with each other*），最后，掉到水里，后悔也晚了！

丽丽：就是啊。我们可不能像黑羊、白羊那样。

爱华：是的。我们要互相帮助，互相关爱，互相礼让。

儿歌乐园

一

Nǐ lǐràng,
你 礼让，
You give me concession,

wǒ lǐràng,
我 礼让，
so do I.

fēnxiǎng ài,
分享 爱，
We share our love

duō yúkuài.
多 愉快。
with pleasure.

二

Liǎng hǔ xiāngzhēng,
两　虎　相争，
If two tigers contend with each other,

liǎng bài jù shāng.
两　败俱伤。
both of them will be hurt.

Liǎng hǔ xiāngràng,
两　虎　相让，
If they give each other concession,

qiáng shàng jiā qiáng.
强　上　加　强。
they will become much stronger.

9 小猴子 摘桃子

The little monkey is picking peaches

写一写

摘 （14画）　扌+商→摘

zhāi　　　　pick

摘	扌	扩	扩	挷	摘
摘	摘	摘			

采摘　**cǎizhāi**　　pick

桃 （10画）　木+兆→桃

táo　　　　peach

桃	木	桃
桃	桃	桃

桃子　**táozi**　　peach

粗 （11画）　米+且→粗

cū　　　　thick

粗	米	粗
粗	粗	粗

粗心　**cūxīn**　　careless

做事情要认真!

事 （8画）

shì matter

事	一	戸	亭	事
事	事	事		

事情　shìqing　matter

故事　gùshi　story; tale

事在人为　shì zài rén wéi

all success hinges on human effort

慌 （12画）　忄+荒→慌

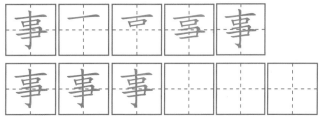

huāng flurried

慌	忄	忙	忙	忙	忙
慌					
慌	慌	慌			

慌里慌张　huānglihuāngzhāng

in a fluster

慌张　huāngzhāng

hurried; confused

慌忙　huāngmáng

in a great rush

往 （8画） 彳+主→往

wǎng   towards

往	彳	往			
往	往	往			

往外	wǎng wài	toward outside
往后	wǎnghòu	from now on
往事	wǎngshì	the past
往往	wǎngwǎng	often; frequently

外 （5画） 夕+卜→外

wài   outside

外	夕	外			
外	外	外			

外国	wàiguó	foreign countries
外出	wàichū	be not in; go out on business
外面	wàimiàn	outside

跑 （12画） 𧾷＋包→跑

pǎo　　　　run

跑	𧾷	跑
跑	跑	跑

赛跑　　sàipǎo　　race

咬 （9画） 口＋交→咬

yǎo　　　　bite

咬	口	咬
咬	咬	咬

咬一口　　yǎo yī kǒu　take a bite

喊 （12画） 口＋咸→喊

hǎn　　　　shout

喊	口	喊
喊	喊	喊

叫喊　　jiàohǎn　　shout

嘴 （16画） 口＋此＋角→嘴

zuǐ   mouth

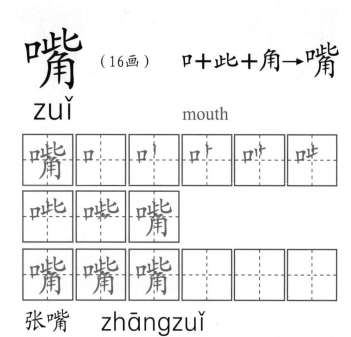

张嘴   **zhāngzuǐ**

               open one's mouth

嘴巴   **zuǐba**   mouth

吐 （6画） 口＋土→吐

tǔ   spit

tù   vomit

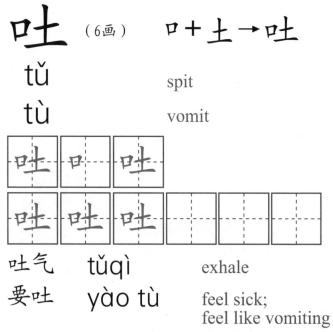

吐气   **tǔqì**   exhale

要吐   **yào tù**   feel sick; feel like vomiting

原来是你！

原 （10画）　厂＋白＋小→原

yuán　　　　　original

| 原 | 厂 | 盾 | 原 |
| 原 | 原 | 原 | |

原来　yuánlái　formerly
草原　cǎoyuán　grasslands
平原　píngyuán　plain
高原　gāoyuán　highland

诉 （7画）　讠＋斤→诉

sù　　　　tell

| 诉 | 讠 | 诉 | 诉 |
| 诉 | 诉 | 诉 | |

诉说　sùshuō　tell

字 → 词 → 句

摘
摘桃子
我们摘桃子
我们去果园 (*orchard*) 里摘桃子。

事
事情
做事情
我们做事情不要粗心。

往
往外
慌里慌张往外跑
小猴子慌里慌张往外跑。

嘴
张嘴
张嘴喊叫
小猴子张嘴喊叫："苦! 苦! 苦!"

读一读

小猴子，太粗心，
马马虎虎做事情。
妈妈让它去摘桃，
慌里慌张往外跑。
跑到一块棉花地，
摘下桃子他就咬。
咬了一口又一口，
连声叫喊"苦苦苦"。
满嘴白毛吐不掉，
原来是个大棉桃（*cotton boll*）。

说一说

阿里：这个小猴子太粗心了，太马虎了！

爱华：可不是。桃子是红的，棉桃是绿的，它要是不马虎，是不会吃棉桃的。

阿里：再说，桃树比棉花高多了，它也不好好看看，真是个马大哈（*a careless person*）！

爱华：还有，棉桃多苦啊，里面又都是白毛，一点儿也不像桃子，它还咬了一口又一口，真是马虎到家了（*extremely*）！

阿里：我觉得这个故事（*story*）告诉我们，做事情可千万别粗心。

爱华：是的，做事粗心，一定会吃苦果（*have a bad consequence*）的。

儿歌乐园

一

Zuò shìqing,
做 事情,
Dealing with matters,

bié cūxīn.
别 粗心。
do not be careless.

Shéi mǎhu,
谁 马虎,
Those who are careless

zhǔn fánxīn.
准 烦心。
will become annoyed for sure.

二

Tā de míngzi Mǎdàhā,
他的 名字 马大哈,
His name is Madaha

dàjiā dōu zài xiàohua tā.
大家 都 在 笑话 他。
who is laughed at by others.

Zuòshì mǎmǎhūhū,
做事 马马虎虎,
He deals with matters carelessly,

shuōhuà dàdaliēliē,
说话 大大咧咧,
talks casually

bànshì xīxīhāhā,
办事 嘻嘻哈哈,
and works halfheartedly,

dàjiā dōu bù xǐhuan tā.
大家 都 不 喜欢 他。
so nobody likes him.

Revision Everyone has two treasures

写一写

双 (4画) 又 + 又 → 双

shuāng two; pair

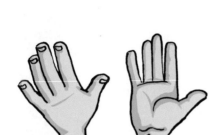

双	又	双
双	双	双

双眼　　shuāngyǎn　　two eyes
双手　　shuāngshǒu　　both hands
一双手 yī shuāng shǒu
　　　　　a pair of hands

考 (6画) 耂 + 丂 → 考

kǎo examine

考	耂	耂	考
考	考	考	

思考　　sīkǎo　　ponder over
考试　　kǎoshì　　test
考上中学 kǎoshàng zhōngxué
　　　　pass the high school
　　　　entrance examination

铅笔很有用！

用 （5画）

yòng　　　　use

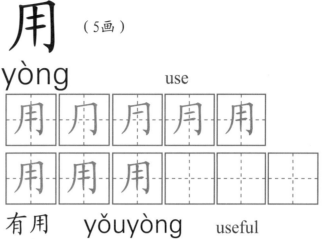

有用　yǒuyòng　useful

创 （6画）　　仓 + 刂 → 创

chuàng　　　create

创新　chuàngxīn　innovate

造 （10画）　告 + 辶 → 造

zào　　　　make

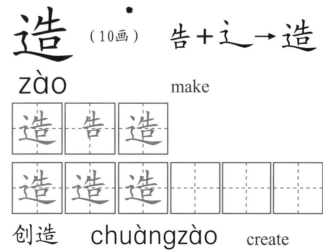

创造　chuàngzào　create

靠 （15画） 告＋非→靠

kào　　　　　　　rely on

靠背　kàobèi　　　backrest
靠得住　kàodezhù　　reliable
靠不住　kàobuzhù　　unreliable
靠边　kàobiān　　　keep to the side

切 （4画） 七＋刀→切

qiē　　　　　　cut
qiè　　　　　　correspond to

切开　qiēkāi　　　cut something open
一切　yīqiè　　　everything

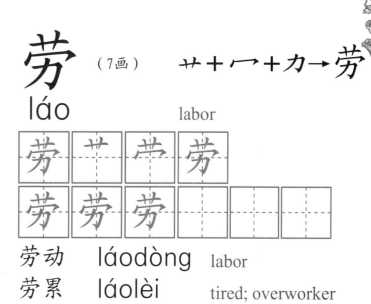

劳 （7画）　艹 + 冖 + 力 → 劳

láo　　　labor

| 劳 | 艹 | 艹 | 劳 | | |
| 劳 | 劳 | 劳 | | | |

劳动　láodòng　labor
劳累　láolèi　tired; overworker

记 （5画）　讠 + 己 → 记

jì　　　remember

| 记 | 讠 | 记 | | | |
| 记 | 记 | 记 | | | |

日记　rìjì　　diary
笔记　bǐjì　　notes
笔记本　bǐjìběn　notebook

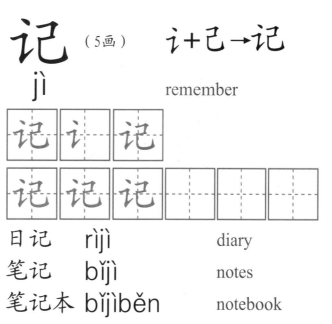

学过要记住！

字 ➝ 词 ➝ 句

双
双眼
她的双眼
她的双眼很好看。

用
用手
用手又用脑
我们要用手又用脑。

我们要用
手又用脑。

创
创造
发明（*invent*）创造
他有很多发明创造。

靠
靠手和脑
劳动要靠手和脑
我们劳动要靠手和脑。

读一读

我们都有两件宝，
就是双手和大脑。
要靠双手来做工，
要靠大脑来思考。
双手大脑一同用，
我们才能有创造。
一切创造靠劳动，
劳动要靠手和脑。

说一说

玛丽：爱华，星期天举行的小飞机比赛，你去看了吗？

爱华：我去了，是跟我哥哥一起去的。我哥哥发明的小飞机还得了冠军呢！

玛丽：啊，真了不起（*It's marvelous*）！你哥哥多大了？

爱华：我哥哥十三岁，是中学生。

玛丽：他怎么发明的小飞机啊？

爱华：我哥哥从小爱动手，又爱动脑。这次做小飞机时，他一边（*at the same time*）做，一边思考。做了一次又一次，小飞机一次比一次飞得高，飞得远。最后，他在比赛中得了第一名。

玛丽：你哥哥得奖后说了什么吗？

爱华：他说，做事也好，学习也好，都要用手又用脑，只有（*only*）多做多思考，才能有创造。

玛丽：这话说得太好啦！我们要记在心里。

儿歌乐园

一

Hànzì hǎo,
汉字 好,
Chinese characters are marvelous

shì guībǎo.
是 瑰宝。
just like a gem.

Xiě Hànzì,
写 汉字,
It is good for both brains

jiàn shuāngnǎo.
健 双脑。
to practice writing characters.

二

Cháng yòng shuǎngshǒu,
常　　用　　双手，
Use both hands usually,

shú néng shēng qiǎo.
熟　能　生　　巧。
because practice makes perfect.

Cháng yòng shuāngnǎo,
常　　用　　双脑，
Use both brains usually,

xīnlíng-shǒuqiǎo.
心灵手巧。
so as to be a smart person.

生字表

1

nǔ	dòng	niú	wù	wán	shī
努	动	牛	物	完	狮

hóu	bí	shòu	jǐng	lù	tù
猴	鼻	瘦	颈	鹿	兔

jiān	xióng	hǔ			
尖	熊	虎			

2

cóng	nǎo	qù	shǐ	xiān	gēn
从	脑	趣	始	先	跟

qín	fèn	wǎng	fā/fà	yóu	jiàn
勤	奋	网	发	邮	件

yóu	xì	kuā			
游	戏	夸			

3

gǔ	shī	shǒu	ān	jìng	bēi/bèi
古	诗	首	安	静	背

yè	guāng	yí	shuāng	jǔ	dī
夜	光	疑	霜	举	低

mǎn	tái	sǎ			
满	抬	洒			

4

méi	xuě	qì	lěng	zhǐ	xiāng
梅	雪	气	冷	指	香

diāo	jiān	qiáng	wēn	jiāo	zhù
凋	坚	强	温	娇	住

5

lǎng	sòng	háng/xíng	piān	zuì
朗	诵	行	篇	最

dì	guàn/guān	jūn	yà	jì
第	冠	军	亚	季

jì	jiǎng	hè
纪	奖	贺

6

yīng	yáo	suàn	kè	kǔ	réng
鹰	摇	算	刻	苦	仍

rán	suī	jì	xù	lèi	zhōng
然	虽	继	续	累	终

yú	cái
于	才

7

piāo	mián	qiān	wàn	lí	shà/xià
飘	棉	千	万	梨	厦

pī	shā	nuǎn	hā	bèi	gài
披	纱	暖	哈	被	盖

zhàng	duī
仗	堆

8

ràng	tiáo	shēn	hé	dā	qiáo
让	条	深	河	搭	桥

zuò	zhǎi	hēi	zhēng	dǐng	pū
座	窄	黑	争	顶	扑

tōng	diào	shēng
通	掉	声

9

zhāi	táo	cū	shì	huāng	wǎng
摘	桃	粗	事	慌	往

wài	pǎo	yǎo	hǎn	zuǐ	tǔ/tù
外	跑	咬	喊	嘴	吐

yuán	sù
原	诉

10

shuāng	kǎo	yòng	chuàng	zào	kào
双	考	用	创	造	靠

qiē/qiè	láo	jì
切	劳	记

词语表

1

nǔlì	dòngwù	dòngshǒu	huódòng	shuǐniú
努力	动物	动手	活动	水牛

dòngwùyuán	kànwán	shīzi	hóuzi
动物园	看完	狮子	猴子

bízi	shòuhóur	chángjǐnglù	xiǎolù
鼻子	瘦猴儿	长颈鹿	小鹿

xiǎo báitù	tùzi	yětù	bǐjiān	jiānzi
小白兔	兔子	野兔	笔尖	尖子

xióngmāo	gǒuxióng	lǎohǔ
熊猫	狗熊	老虎

2

cóngqián	cónglái	cóng... dào...	diànnǎo
从前	从来	从……到……	电脑

dànǎo	xìngqù	yǒuqù	kāishǐ	xiānsheng
大脑	兴趣	有趣	开始	先生

xiān shuō	gēnzhe	wǒ gēn nǐ	qínkuai	qínfèn
先说	跟着	我跟你	勤快	勤奋

shàngwǎng	chūfā	xǐfà	yóupiào	yóujiàn
上网	出发	洗发	邮票	邮件

yóuwán	yóuxì	kuādà
游玩	游戏	夸大

3

gǔshī	gǔdài	shīrén	yī shǒu shī	shǒuxiān
古诗	古代	诗人	一首诗	首先

shǒuxiàng	ānjìng	ānquán	píng'ān	píngjìng
首相	安静	安全	平安	平静

jìngqiāoqiāo	bēibāo	bēi shūbāo	bèi gǔshī
静悄悄	背包	背书包	背古诗

yèjiān	guāngmíng	yíwèn	báishuāng	jǔshǒu
夜间	光明	疑问	白霜	举手

dītóu	dīshēng	mǎndì	mǎnyì	zìmǎn
低头	低声	满地	满意	自满

táitóu	táigāo	táiju	sǎshuǐ	sǎlèi
抬头	抬高	抬举	洒水	洒泪

4

méihuā	méihuālù	huángméixì	xuěhuār
梅花	梅花鹿	黄梅戏	雪花儿

xuěbái	xuěliàng	tiānqì	shēngqì	lěngshuǐ
雪白	雪亮	天气	生气	冷水

shǒuzhǐ	xiāngshuǐ	xiāngyān	xiāngwèi	diāoxiè
手指	香水	香烟	香味	凋谢

diāoluò	jiānqiáng	jiānchí	jiānyìng
凋落	坚强	坚持	坚硬

qiángdà	qiángzhuàng	wēnshì	qìwēn	jiāoqi
强大	强壮	温室	气温	娇气

jìzhù	zhù nǎr
记住	住哪儿

5

lǎngdú	lǎngsòng	yī háng shù	jǔxíng
朗读	朗诵	一行树	举行

yī piān zuòwén	zuìhǎo	dìyī	guànjūn
一篇作文	最好	第一	冠军

wángguān	jūnrén	yàjūn	jìjūn	jìniàn
王冠	军人	亚军	季军	纪念

jìniànjiǎng	zhùhè
纪念奖	祝贺

6

xiǎoyīng	yáotóu	xīnsuàn	suànshang	lìkè
小鹰	摇头	心算	算上	立刻

yīkè	kèkǔ	réngrán	zìrán	suīrán
一刻	刻苦	仍然	自然	虽然

jìfù	jìxù	bù pà lèi	zhōngyú	zhōngliǎo
继父	继续	不怕累	终于	终了

dàyú	yúshì	cái lái	cáinéng
大于	于是	才来	才能

7

piāoxià	miánhua	miányī	qiānlǐmǎ	qiānwàn
飘下	棉花	棉衣	千里马	千万

líhuā	gāolóu-dàshà	Xiàmén	pīshàng báishā
梨花	高楼大厦	厦门	披上白纱

shājīn	nuǎnhuo	xiàohāhā	bèi dǎ	miánbèi
纱巾	暖和	笑哈哈	被打	棉被

gài bèizi	gàizi	dǎ xuězhàng	duī xuěrén
盖被子	盖子	打雪仗	堆雪人

8

lǐràng	ràngkāi	yī tiáo hé	miàntiáor
礼让	让开	一条河	面条儿

shuǐ hěn shēn	xiǎohé	Huáng Hé	dāqiáo	dāchē
水很深	小河	黄河	搭桥	搭车

dàqiáo	yī zuò qiáo	ràngzuòr	zhǎixiǎo	hēibái
大桥	一座桥	让座儿	窄小	黑白

zhēngqì	dǐngtiān-lìdì	pūtōng	pūdǎ
争气	顶天立地	扑通	扑打

pūkè	tōngguò	tōngzhī	tōnghóng	diàoxià
扑克	通过	通知	通红	掉下

gēshēng
歌声

9

cǎizhāi	táozi	cūxīn	shìqing	gùshi
采摘	桃子	粗心	事情	故事

shì zài rén wéi	huānglihuāngzhāng	huāngzhāng
事在人为	慌里慌张	慌张

huāngmáng	wǎng wài	wǎnghòu	wǎngshì	wǎngwǎng
慌忙	往外	往后	往事	往往

wàiguó	wàichū	wàimiàn	sàipǎo	yǎo yī kǒu
外国	外出	外面	赛跑	咬一口

jiàohǎn	zhāngzuǐ	zuǐba	tǔqì	yào tù
叫喊	张嘴	嘴巴	吐气	要吐

yuánlái	cǎoyuán	píngyuán	gāoyuán	sùshuō
原来	草原	平原	高原	诉说

10

shuāngyǎn	shuāngshǒu	yī shuāng shǒu	sīkǎo
双眼	双手	一双手	思考

kǎoshì	kǎoshàng zhōngxué	yǒuyòng	chuàngxīn
考试	考上中学	有用	创新

chuàngzào	kàobèi	kàodezhù	kàobuzhù	kàobiān
创造	靠背	靠得住	靠不住	靠边

qiēkāi	yīqiè	láodòng	láolèi	rìjì
切开	一切	劳动	劳累	日记

bǐjì	bǐjìběn
笔记	笔记本